СОДЕРЖАНИЕ

Принцесса Майя 2

Дом, в котором никто не жил 10

Чудеса бывают 18

Чудо, которое не заканчивается 26

Два повара 34

Колючие иголки 42

Маруся и краски 50

Подарок для кролика 58

Как светлячок научился светиться 68

Кораблик 78

Далеко за морем в одной стра-не жили царь и царица. И была у них одна-единственная дочка — принцесса по имени Майя, с прекрасными голубыми глазами и багряными волосами. Все жители царства любили Майю за веселый и добрый нрав.

Но вдруг стряслась беда. Майя загрустила, ее смех раздавался все реже, а потом она вообще перестала выходить из своей спальни.

Придворный врач выписал ей травы от хандры, но это не помогло. Майя лежала в постели, ни с кем не разговаривала, и часто на глазах у нее были слезы.

Царь с царицей не на шутку перепугались и послали за лучшими лекарями со всего царства.

Осмотрели лекари принцессу, долго совещались и сказали, что эта болезнь им неизвестна. Физически принцесса здорова, но как вернуть ей бодрое расположение духа — они не знают. И лекари разъехались по своим домам.

Совсем приуныли царь с царицей.

А между тем слух о недуге принцессы разнесся по царству. Все жители переживали за бедняжку. Жил в стране в это время один чародей, который лечил даже смертельные недуги. И вот, все стали просить его, чтобы он отправился во дворец и осмотрел принцессу.

Пришел чародей во дво-рец, поднялся к принцессе, взял ее за руку, пощупал пульс, да и говорит:

— От принцессы ушло чувство радости. Серая пелена печали окутала ее.

— Но что же делать!? — восклик-нули в отчаянье царь с царицей.

— Музыка, — сказал чародей. — Ее спасет музыка.

И ушел.
Тотчас послали гонцов, чтобы собрать лучших музыкантов царства. Вскоре они собрались во двор-це, перед дверями покоев Майи.

Первым вошел скрипач со скрипкой в руке. — Я вылечу Майю своей мелодией, потому что скрипка — самый благородный из всех музыкальных инструментов, — важно заявил скрипач.

Он коснулся струн смыч-ком, и раздался нежный голос скрипки. Она то

плакала, то смеялась, то восторженно уносилась ввысь. Музыка лилась, но Майя продолжала лежать.

— У вас ничего не вышло, господин скрипач, — грустно сказал царь, и разочарованный скрипач вышел наружу.

Следующим в комнату вошел флейтист.

— Я вылечу Майю, — сказал он. — Мелодия флейты чиста, словно горный воздух, и любого может пробудить к жизни.

Он заиграл на флейте мелодию, которая полилась через окно наружу во двор, и люди бросили все свои дела, прислушиваясь к чарующим звукам. Но принцесса даже не повернулась.

— Флейта не подходит, — сказала царица, и огорченный флейтист вышел.

Двери распахнули пошире, и четве-ро придворных внесли в комнату рояль. Следом шел пианист.

— Я верну принцессу к жизни, — сказал он, — потому что звуки рояля — самые волнующие, страстные и вдохно-венные.

Он заиграл, и волшебные переливы заворожили весь дворец. Но принцесса закрыла лицо руками.

Растерянный пианист ушел за остальными.

Придворные уже собрались выносить рояль, но вдруг в комнату вошел высокий молодой человек с неболь-шой деревянной палочкой в руках.

— Подождите! — воскликнул он.

— Кто ты? — спросил царь с удив-лением. — Я не вижу у тебя никакого музыкально-го инструмента.

— Я дирижер, Ваше величество, — ответил юноша. — И я знаю, какая мелодия вылечит вашу дочь. Но сначала прикажите вернуть всех музыкантов.

Царь, который уже потерял всякую надежду, велел слугам позвать скрипача, флейтиста и пианиста.

Все опять собрались в покоях принцессы. Молодой дирижер что-то тихо сказал музыкантам, потом все встали вокруг рояля, и он взмахнул палочкой…

И вдруг прекрасная, совершенная мелодия зазвучала во дворце, вырвалась на волю, в поднебесье и полетела над землей, наполняя сердца волшебными, дивными звуками. Всех охватила необыкновенная радость, люди почувствовали себя счастливыми, и им захотелось взяться за руки. Даже царь с царицей на миг забыли обо всем...

И тут все услышали смех Майи, которая кружилась по комнате в танце.

Принцесса выздоровела, ее печаль ушла навсегда. Она полюбила юно-шу-дирижера, и они сыграли свадьбу. На этом празднике гуляло все царство, а музыканты играли чудесную музыку, и все радовались и смеялись.

Во время веселья царь спросил у жениха:

— Что ты сказал музыкантам, перед тем как вы начали играть? Что вылечило мою дочь?

Юноша улыбнулся и ответил:

— Я сказал им, что дело не в музыкальных инструментах, а в единстве сердец. Я попросил их соединить свою любовь к музыке, свой талант и свое желание помочь принцессе. Потому что вместе мы становимся сильными и можем творить чудеса.

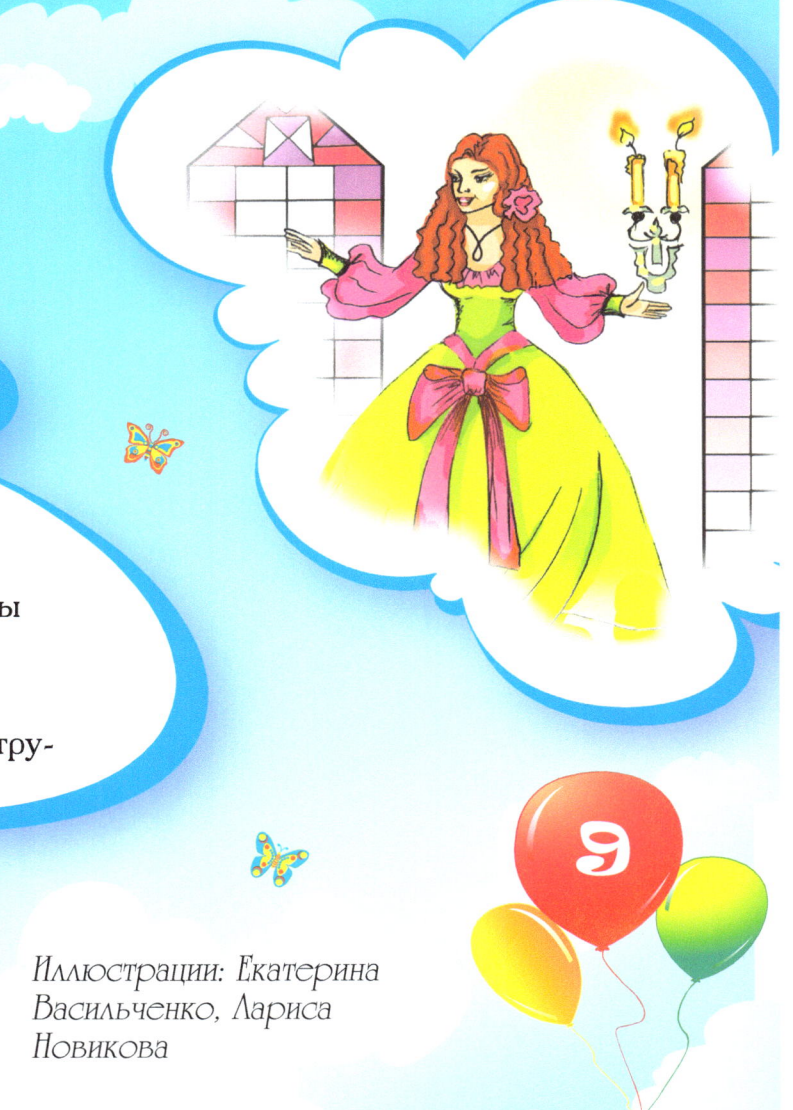

Иллюстрации: Екатерина Васильченко, Лариса Новикова

В одном городе стоял большой старинный дом с каменными стенами и парадным входом. Рядом с ним раскинулся городской парк, где любили играть дети. Часто они спрашивали:

— Мама, а кто живет в этом доме?

— Никто, малыш. Это пустой дом.

И действительно, во всех других домах жили люди, а в этом никто не жил.

Его окна были плотно занавешены, а двери заперты на замок. Давно уже люди не заходили в него — уж больно он казался величественным и неприступным.

Прохожие удивлённо поглядыва-ли в его сторону:

— Что за странный дом? Такой большой и нелюдимый...

А дом недоумевал, чего все от него хотят:

— Стою себе, никого не трогаю... Что им не нравится? Может, у меня краска на подоконниках ободралась? Или флюгер покосился?

Внутри у него повсюду царил полумрак, потому что тяжёлые портьеры не пропускали солнечных лучей. Всего там было в избытке: в кухонных шкафах полно посуды, в сервантах — горы сервизов, в комнатах для гостей — аккуратно застеленные кровати, на всех столах — скатерти. И тишина.

Только обеденный стол пытался иногда развеселить домашнюю утварь:

— А ну-ка, тарелки, становитесь в ряд!

— Для кого? — спрашивали тарелки. — Кто нас наполнит?

— Свечи, слезайте с полок!

— Для кого? Кто нас зажжет?

Тогда стол начинал будить большую хрустальную люстру в гостиной:

— Люстра! Освети дом! Ведь у тебя столько лампочек, что и не сосчитать.

— Некому меня включить, — отвечала люстра. — И потом, даже если станет светло, кто это увидит?

В доме было так скучно и тоскливо, что начались ссоры-раздоры. Ложки спорили с вилками, кто важнее. Лестница ворчливо скрипела на ковровую дорожку за то, что та собирает пыль. Раковина обиделась на водопроводный кран за то, что из него не льется вода. Даже маленькая настольная лампа обозвала люстру старой рухлядью.

Посмотрел на это дом и понял: надо что-то делать. Но что?

— Спрошу-ка я у камина. Он очень мудрый. Когда меня строили, сначала поставили его, а потом уже всё остальное.

Но камин так крепко спал, что его непросто было разбудить. Дом пробовал даже кричать через трубу — только сажу разворошил. Тогда он обратился ко всей своей утвари:

— Давайте вместе будить камин, чтобы он подсказал нам, как быть. Шумите громче!

Что тут началось... Задребезжали тарелки и блюдца, зацокали подсвечники, залязгали ножи, большая люстра зазвенела своими подвесками, и даже кровати застучали ножками по полу. Они устроили такой шум, что голу-би вспорхнули над кровлей дома.

И камин проснулся.

— Наверное, невмоготу стало, раз разбудили? — спросил он, зевая.

— Мне нужен совет, — сказал дом. — Что-то у меня не так, а что — я и сам не знаю.

— Это очень просто, — ответил камин. — Ты мог бы и сам догадаться.

— В чем же дело?

— Есть золотое правило: делись теплом со всеми. Посмотри на меня. Когда меня топят, я не задерживаю тепло в себе, а сразу отдаю его другим. Все дома в горо-де тоже отдают тепло и уют своим жильцам. А ты стоишь один-одинешенек и ни с кем не делишься. Потому тебе и грустно, потому и утварь твоя ссорится.

Дом был ошеломлен. Он твердо решил научиться у камина этому правилу.

На следующий день с самого утра он распахнул все окна, раздвинул занавески и проветрил комнаты. Зеркала не могли поверить, что в них отражается солнечный свет. Сразу прекратились все споры.

— Щётки! Тряпки! Вёдра! Помойте полы и протрите пыль! Да не жалейте воды!

Скоро в доме всё засверкало чистотой.

— Обеденный стол! Готовься принимать гостей!

Тут же тарелки выстроились на белоснежной скатерти, вилки, ложки и ножи легли рядом с ними, стеклянные стаканы аккуратно встали на свои места. Обеденному столу хо-телось танцевать от счастья, но он стоял тихо, чтобы ничего не уронить.

К обеду дом растворил настежь парадные двери. Проходившие мимо люди еще никогда не видели такого красивого и приветливого дома. Они зашли внутрь и увидели, что их здесь ждут.

— Посмотрите! — закричала одна девочка. — Даже стол накрыт!

Дом очень хорошо запомнил правило: «Дари тепло другим». Скоро в нем, как и в других домах, поселились жильцы.

Поздно вечером, когда они засыпают, дом проверяет, всё ли в порядке, а потом тихо шепчет в трубу на крыше:

— Спасибо тебе, старый мудрый камин.

Иллюстрации: Александр Золотарев

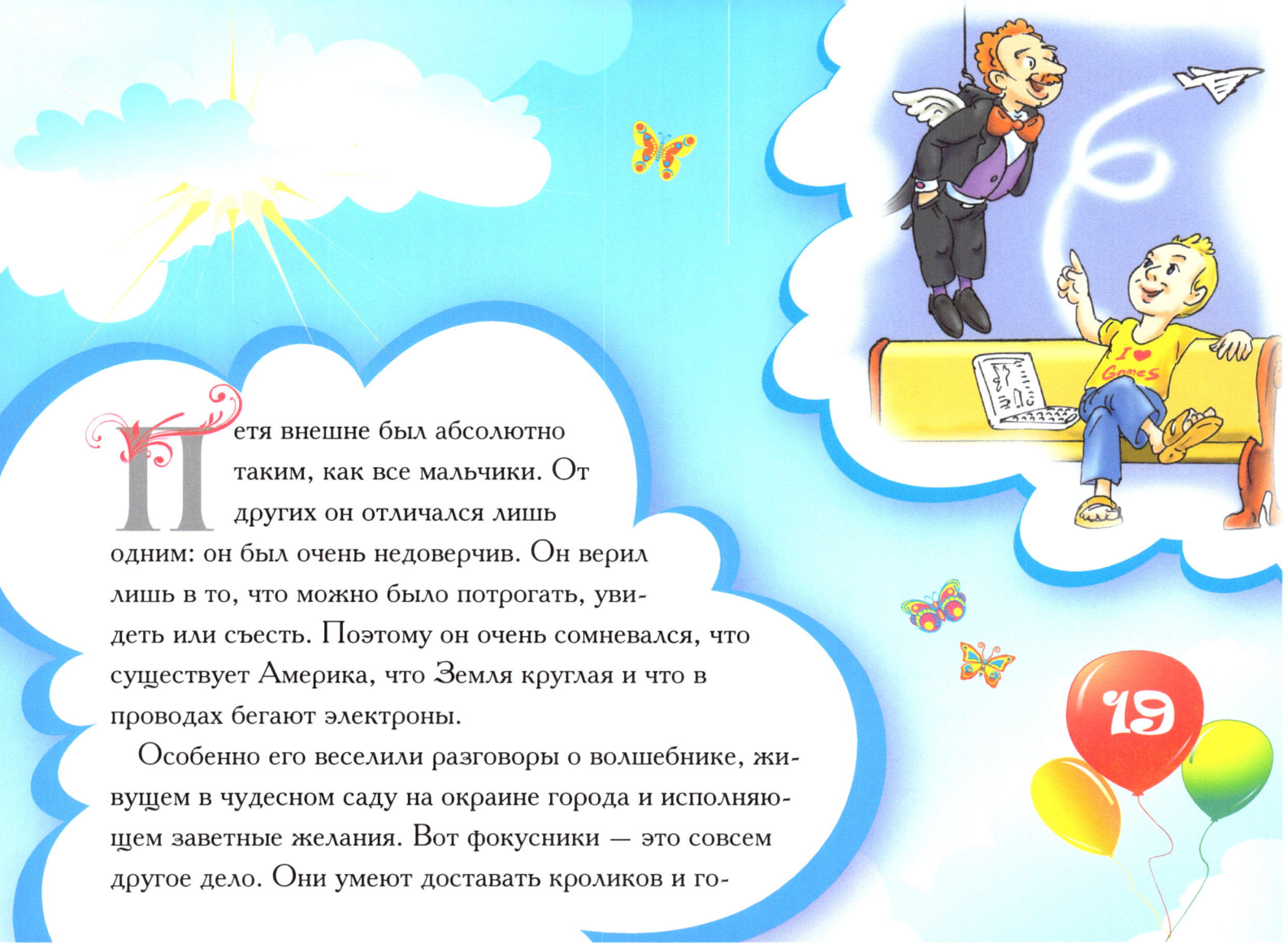

Петя внешне был абсолютно таким, как все мальчики. От других он отличался лишь одним: он был очень недоверчив. Он верил лишь в то, что можно было потрогать, увидеть или съесть. Поэтому он очень сомневался, что существует Америка, что Земля круглая и что в проводах бегают электроны.

Особенно его веселили разговоры о волшебнике, живущем в чудесном саду на окраине города и исполняющем заветные желания. Вот фокусники — это совсем другое дело. Они умеют доставать кроликов и голубей из шляпы, распиливать людей ржавой пилой, а один, самый ловкий, даже научился взлетать под самый потолок. Но фокусники не скрывают, что все это обман зрения и ловкость рук. А волшебники? Их не бывает, они из сказок. И вообще, какие могут быть волшебники, когда есть компьютеры и самолеты.

Как-то Петя возвращался домой на автобусе от приболевшей бабушки. Он не заметил, как задремал.

— Мальчик, проснись, автобус уходит в парк, — раздался над головой чей-то голос.

Петя протер глаза и понял, что проспал свою остановку. Выйдя из автобуса, он увидел невысокий каменный забор. На нем лежали ветви каких-то необычных деревьев, с глянцевыми фигурными листьями. Незнакомые ароматы наполняли воздух. Петя почему-то подумал, что находится возле того самого сада с волшебником, о котором столько говорят.

— Сейчас проверим, — подумал мальчик и решительно потянул на себя железную калитку. Сад был действительно фантастически красив, как об этом и рассказывали. Петя пошел по песчаной дорожке, удивленно оглядываясь по сторонам. Таких необычных деревьев и цветов мальчик никогда не видел. В глубине сада, на скамейке,

он увидел старика с седой бородой.

— Вы волшебник? — решительно обратился Петя к незнакомцу.

— И да, и нет.

— Как это? — не понял мальчик.

— Я делаю чудеса, но только... наполовину.

— Наполовину? — переспросил Петя.

— Дело в том, что моя волшебная сила действует только до тех пор, пока люди помнят, что это я им помог. Но они об этом быстро забывают и остаются ни с чем.

— Я не очень понял, — признался Петя.

— Ну, например, ты просишь маму купить тебе футбольный мяч. Пока ты не получил подарок, ты помнишь о маме. Верно?

— Да, — согласился Петя.

— Но когда ты с ребятами начинаешь играть в футбол, ты о маме забываешь и думаешь лишь о том, как забить гол. Точно так же происходит с моим волшебством. С его помощью исполнилось много самых хороших и нужных желаний на свете, но люди быстро об этом забыли, и... все исчезло.

— А можно мне попробовать загадать желание?

— Конечно. Когда загадаешь, скажи только волшебные слова: «Чудеса бывают» — и тут же твое желание исполнится. Но знай, ты

можешь загадать лишь одно желание!

Мальчик попрощался с волшебником и вскоре уже ехал на автобусе домой и размышлял:

— Нужно загадать, чтобы бабушка выздоровела! Да, но ведь если я забуду, что это сделал волшебник, бабушка опять заболеет... Нет, не годится. Тогда — хотя бы велосипед? Но если я начну кататься и забуду, что это волшебство — велосипед исчезнет. Что же делать?..

Между тем автобус подъехал к нужной остановке.

Мальчик поднялся, посмотрел на пассажиров и... понял, что надо делать.

— Я хочу, чтобы все люди всегда помнили, что чудеса бывают, и совершает их волшебник, — громко, на весь автобус сказал мальчик. Он знал, что больше не может загадывать желаний, зато волшебник теперь сможет исполнять желания других людей. И он произнес заветные слова: «Чудеса бывают!»

Когда он открыл дверь в квартиру, вдруг зазвонил телефон. Это была бабушка:

— Петя, случилось настоящее чудо! Я только что полностью выздоровела!

— Ты больше никогда не заболеешь, бабушка, — радостно улыбаясь, ответил мальчик.

Иллюстрации: Михаил Гонопольский

В одной сказочной стране существовала школа волшебников.

Как и во всякой школе, в ней были ученики и учителя, уроки и кани-кулы, а в конце года начинающие волшебни-ки показывали то, чему они успели научиться.

Среди прочих учеников учился в этой школе мальчик, которого звали Артур.

Вместе с другими учениками Артур участвовал в ежегодном показе чудес. И как вы думаете, какое он приготовил чудо? Нет, не летающую кровать и не вечную конфету. Он придумал волшебный коврик. Стоило вам встать на этот коврик, два раза под-

прыгнуть на левой ноге и сказать: «Чик-трак!», как тут же исполнялось одно ваше желание. Но поскольку Артур был еще ученик и не имел, пока что, настоящей волшебной силы, его волшебство действовало всего лишь одну минуту.

Чтобы проверить действие своего изобретения, Артур отправился в детский сад, находившийся рядом со школой волшебников. Там он предложил детям встать на коврик и загадать свое желание.

Все дети бросились к волшебному коврику, но первым успел встать на него маленький Коля. Он был действительно самым маленьким в своей группе. Даже девочки, и те были выше него.

Подпрыгнув два раза на левой ноге и произнеся «Чик-трак!», он громко закричал:

— Хочу стать большим, самым большим!

И в ту же секунду начал расти.

Дети смотрели на него, затаив дыхание. Сначала он стал выше всех в своей группе, потом выше Артура, потом выше воспитательницы, а потом коснулся головой потолка. Но его одежда, про которую он не подумал, осталась прежнего раз-мера. Поэтому прямо на нем лопнули его штанишки, и маечка, и даже ремешки на сандалиях.

Первыми начали хихикать девочки, потом засмеялись мальчики, и даже воспитательница не смогла сдержать улыбки. Но время волшебства закончи-лось, и Коля снова вернулся к своему обычному росту. А Артуру пришлось применить специальное заклинание для починки испорченной одежды.

Следующей выскочила на коврик Таня. Два прыжка на левой ноге, «Чик-трак!» и... девочка застыла. Множество желаний вдруг запрыгало у нее в голове.

«Куклу! Нет, шоколадку, или машинку! Нет, это для мальчиков. Новое платье! Нет, платье мама и так собиралась купить, и потом, через минуту оно исчезнет. Что же выбрать?»

Вдруг ее взгляд упал на полку с игрушечными животными, и она вспомнила, как представляла себе всех этих зверюшек живыми. Это воспоминание прогнало все другие желания, и волшебный коврик начал оживлять игрушки одну за другой.

И вот комната заполнилась хлопаньем крыльев и криками птиц, которые носились по воздуху, тычась клювами в за-крытые окна. Ожившие кошки с мяуканьем подпрыгивали, пытаясь схватить птиц. Большие и малень-кие собаки с громким лаем носились за кошками, а медвежата катались по полу, стараясь положить друг друга на лопатки.

Испуганные дети сгрудились вокруг воспитательницы, а Артур подскочил к окну и открыл его. Тогда птицы вылетели в окно, кошки выпрыгну-ли за птицами, собаки ринулись следом за кошками, и медвежата тоже с радостным урчанием полезли через окно наружу. Через минуту все животные снова стали игрушечными, и дети еще долго находили во дворе детского сада своих пластмассовых и плюшевых зверюшек.

После этого несколько минут никто не решался встать на волшебный коврик. Но вдруг мальчик по имени Саша вспомнил, что у его друга Пети сегодня с самого утра болит зуб. Он даже не смог съесть яблоко, взятое с собой из дома. Саша вышел вперед и встал на коврик. Два прыжка на левой ноге, «Чик-трак!» и:

— Хочу, чтобы у Пети прошел зуб.

И в тот же миг все услышали счастливый Петин смех.

— Спасибо, Саша! — воскликнул он. — Пойдем разделим пополам мое яблоко.

В этот момент детей позвали в столовую, и игра в чудеса закончилась — к большому облегчению воспитательницы.

Начинающий волшебник Артур свернул свое изобретение и пошел вслед за детьми. Он знал, что через минуту у Пети снова заболит зуб, и тогда его надо будет как-то утешить. Но он ошибся. Петя ел, смеялся и громко щелкал зубами, чтобы насмешить своих друзей.

Долго после этого думал Артур о том, почему последнее волшебство не закончилось через минуту. Ведь он сам создавал этот коврик и точно знал время его действия. Так и не выяснив причины, он отправился к своему учителю волшебства и все ему рассказал. Старый мудрый волшебник рассмеялся, ласково погладил Артура по голове и произнес:

— Знай, мой маленький друг, что чудо, сделанное для других, не заканчивается.

Иллюстрации:
Гия Басилая

Жили-были в одном городе два замечательных повара: Варик и Жарик. Каждый из них держал свой ресторан. Однажды они повстречались, и Варик сказал Жарику:

— Послушай, мы с тобой отлично готовим. Почему бы нам не приготовить что-нибудь вместе?

— Действительно, почему бы и нет? — обрадовался Жарик. — Как же я раньше об этом не подумал? Мы приготовим такое угощение, какого еще никто не ел, и пригласим на него всех жителей города! Будет настоящий праздник!

— Праздник — это ты здорово придумал! — воскликнул Варик. — А что мы будем готовить?

— Еще не знаю, но что-нибудь очень вкусное.

Повара долго обсуждали, какое блюдо им приготовить. Наконец они решили, что сделают рыбу, да такую, чтобы все только пальчики облизывали.

— Завтра же и начнем, — сказал Жарик. — Давай так: я пожарю саму рыбу, а ты сваришь к ней соус.

Варик согласился, и повара договорились, что назавтра доставят всё необходимое к Жарику в ресторан. Они ударили по рукам

и расстались в прекрасном настроении.

На следующее утро Жарик пошел на рынок в рыбные ряды. Целых три часа он выбирал самую лучшую и свежую рыбу. Семьдесят бочонков, в которых плескалась рыба из семидесяти стран, были погружены на сорок повозок и доставлены к нему в ресторан. Ну а Варик в то утро пошел в овощные ряды, и только через три часа он заполнил семьдесят корзин отборнейшими овощами и специями из семидесяти стран. Сорок носильщиков отнесли наполненные до краев корзины в ресторан Жарика.

Повара передохнули немного и принялись за дело. Жарик жарил свою рыбу на семидесяти сково-родах, а Варик варил соус в семидесяти котлах.

Через четыре часа все было готово. Рыба, приготовленная Жариком, блестела, как ярко начищенные медные

сковородки, на которых она жари-лась. Она выглядела так красиво и аппетитно, что Жарику расхотелось поливать ее соусом Варика.

Соус Варика был так ароматен, что никто не мог пройти мимо ресторана, и на улице собралась порядочная толпа.

«И таким соусом я должен залить рыбу Жарика?» — горевал Варик.

Унылые повара подошли друг к другу.

— Ну что ж, — не глядя на Варика, сказал Жарик, — пришло время вылить твой соус на мою рыбу.

— Вылить мой соус? Я столько времени потратил, чтобы соз-

дать это произведение кулинарного искусства, а ты хочешь, чтобы я взял и вылил его на твою рыбу? Чтобы потом все говорили, какую вкусную рыбу приготовил этот Жарик?!

— Знаешь что, — возмутился Жа-рик, — тогда я тоже не хочу, чтобы ты испортил своим соусом восхитительный вкус моей рыбы! Пусть лучше каждый останется с тем, что приготовил.

Варик позвал грузчиков и велел им отнести соус к нему в ресторан. Там он и уселся, рассерженный на весь мир.

— Мне никто не нужен. Мой соус слишком хорош для них. Пусть не делают одолжений, лучше я съем его сам!

Он достал большую ложку и начал есть. Но у соуса оказался такой едкий привкус, что после нескольких ложек Варику стало нехорошо.

«Я сделал ошибку, — подумал он. — Но ее еще можно исправить».

— Эй! Грузчики!

— Да, Варик! Ты хочешь, чтобы мы отнесли соус обратно к Жарику?

— Верно подметили.

Войдя в ресторан к Жарику, Варик откашлялся и сказал со стыдом:

— Извини, мой дорогой друг, я допустил ошибку. Сам не знаю, что на меня нашло. Этот соус просто создан для твоей рыбы.

— Нет-нет, — возразил Жарик, — это я ошибся, когда подумал, что моя рыба чего-то стоит без твоего соуса. Я не смог съесть даже несколько кусочков, потому что они совершенно безвкусные! Как хорошо, что ты вернулся!

Обнявшись на радостях, Варик и Жарик в тот же вечер устроили великолепный праздничный пир, который все жители города помнят по сей день. Отовсюду пришли люди, чтобы попробовать вкуснейшую в мире рыбу. Никогда еще они не ели ничего подобного.

До сих пор старики рассказывают внукам историю о Варике и Жарике. Мне она досталась от дедушки. Он попросил меня передать ее всем детям, чтобы они тоже знали: только вместе можно сделать что-то хорошее, и никто не сможет радоваться в одиночку.

Иллюстрации:
Елена Ифлянд

Марина Фатеева

Колючие иголки

В одном лесу жили по соседству два ежика. Днем они собирали грибы и ягоды, грелись на солнышке, а по ночам каждый забирался под свою елку.

Надо сказать, что ночью в лесу было очень холодно и сыро. Еще с вечера начинал стелить-ся густой туман, окутывая траву, кусты и деревья белой пеленой. Ежики собирали листочки и траву, чтобы сделать свое укрытие потеплее. Но это плохо помогало, и по ночам они тряслись от

холода. А утром с первыми лучами солнца они выбирались на полянку и грелись там, подставляя свои мордочки долгожданному теплу.

Однажды ранним утром по полянке пробегал зайчик и увидел трясущихся от холода ежей.

— Что с вами случилось? — спросил зайчик ежиков.

— Мы мерзнем холодными ночами, — дрожа, ответили ежики.

— А мы, зайчики, не мерзнем, — весело сказал зайчишка. — Мы все собираемся в свою большую нору, прижимаемся друг к другу, и наши шубки становятся как одно большое меховое одеяло. Нам очень тепло и хорошо!

И зайчик поскакал дальше, оставив ежиков в недоумении.

— Но у каждого из нас своя елка, — сказал один ежик.

— И у каждого под этой елкой своя постель и свои запасы ягод и грибов, — сказал другой.

Ежики посмотрели друг на друга и разошлись каждый в свою сторону.

К вечеру небо над лесом затянуло черными тучами. Поднялся сильный ветер. Стало очень холодно, и полился дождь.

Ежики разбежались под свои елки. Но дождь был такой сильный, что пробивался сквозь мохнатые еловые ветки. К ночи холод только усилился. Бедные мокрые ежи просто замерзали.

И вдруг один из них вспомнил о том, что сказал зайчик.

«А может, и правда, надо пойти к соседу? Вместе нам будет теплее», — подумал ежик и высунул нос из-под своей елки. В лесу стояла темная ночь и бушевала непогода. Преодолевая страх, ежик помчался к своему соседу.

— Как хорошо, что ты пришел! — воскликнул тот. — Я уже хотел бежать к тебе. Давай попробуем прижаться друг к другу, как зайчики, и накроемся листочками. Может, нам будет теплее.

И ежики попытались обняться.

— Ой! — закричал один.

— Ай! — возмутился другой.

— Ты колешь меня своими иголками!! — воскликнули они в один голос и обиженно посмотрели друг на друга.

Но тут ударил гром и сверкнула молния. От страха ежики опустили свои колючки и тесно прижались друг к другу. Они забились под самые корни дерева, накрылись от страха листьями и... вдруг почувствовали, как тепло разлилось по их телам.

— Ух, ты! — удивился один.

— Вот это да! — воскликнул другой.

— Надо было всего лишь убрать иголки! — воскликнули они в один голос.

И согревшиеся, счастливые ежики заснули под шум ночного дождя.

На следующее утро они вырыли одну большую норку под самой густой елкой, а затем натаскали туда травы и листочков для своей постели. И еще рядом они соорудили общую норку для хранения запасов. Вместе им жилось хорошо и уютно.

Встретив знакомого зайчика, они не забыли поблагодарить его за хороший совет.

Весть о двух ежиках, дружно живущих вместе, разнеслась по

всему лесу. К ним стали приходить другие ежи, которые до этого жили поодиночке. Наши ежики-приятели научили их убирать иголки, и ежиная семья становилась все больше и дружнее.

Под старой елью ежи вырыли большую нору. Днем они собирали запасы для своей большой семьи, а ночью засыпали, чувствуя тепло и заботу друг друга.

Когда наступила зима, они провели ее в тепле и сытости, а главное, в любви и заботе, прижав свои иголки и думая только друг о друге.

Всему лесу, всем, кто в нем жил, передавалось их тепло — тепло любви, добра и дружбы.

Иллюстрации:
Алёна Строкина

Жила-была в одном городе у папы и у мамы девочка. Звали ее Маруся. Больше всего на свете она любила рисовать: в альбоме, в тетради, на листах бумаги и даже во дворе на асфальте — цветными мелками.

Как вы думаете, что делала Маруся, проснув-шись? Бежала умываться и чистить зубы? Зубы она, конечно, тоже чистила, но первым делом она торопи-лась к столу, на котором стояли ее краски и карандаши. Когда мама звала ее завтракать, у девочки уже были готовы два или даже три рисунка.

Вечером Маруся просила:

— Мамуля, ну пожалуйста, еще одна картинка, ну самая-пресамая по-следняя, честное слово.

Закончив ее, она спокойно шла спать, потому что была хорошей и послушной девочкой.

Однажды Маруся заснула прямо с фломастером в руке. Устала уж очень после садика. И приснился ей удивительный сон, как будто она попала в страну красок, где познакомилась с цветами: красным, желтым, зеленым, синим и белым. Выглядели они примерно так: яркий кружочек, пара ручек и ножек, глаза и большая улыбка. Звали их очень просто.

Вы уже догадались, как?

У каждого цвета свой характер и особенности.

Красный сразу пожал Марусе руку и представился. Он хотел во всем быть первым, ничего не боялся, был весел, храбр и уверен в себе. Любое море было ему по колено.

С Желтым было приятно побеседовать. Он любил уют и порядок, обожал блины и оладушки, и каждый день поливал ромашки из своей большой желтой лейки.

Синий оказался мечтательной натурой, он сочинял стихи и мог часами любоваться небом, облаками и озером.

Зеленый цвет имел добрый нрав. С утра до ночи он гонял на своем велосипеде, заботясь о растениях и животных.

Белый же был волшебником. Порой он исчезал куда-то и появлялся неожиданно. Он любил все необычное и

умел показывать фокусы с белыми мышами.

Каждый из них решил преподнести Марусе прекрасную картину.

Красный закричал:

— Я первый! — и понёсся выбирать самую лучшую кисточку.

Жёлтый сначала решил подкрепиться.

Синий, как всегда, долго предавался мечтам.

Зелёный сразу взялся за дело и не оставил на своём листе ни одного свободного местечка.

Белый просто растворился в воздухе. Задумался, наверное.

И вот настал торжественный момент вручения подарков. Девочка внимательно посмотрела на первый рисунок и сказала:

— К сожалению, он мне совсем не нравится. Смотрите, какое тут все огненное! Это похоже на пожар, который однажды показывали по телевизору.

Тогда Желтый показал свой рисунок.

— Тут слишком много солнца и песка, как в пустыне. В садике мы читали про нее книгу с картинками. В ней нет ни капли воды! Не хотелось бы мне вешать такую картину на стенку.

Настала очередь Синего преподнести подарок. — Какое бескрайнее море! Еще заплыву куда-нибудь далеко-далеко и потеряюсь. Даже ногу поставить негде, везде вода, — испугалась Маруся.

Рисунок Зеленого показался ей густым и дремучим лесом, в котором неизвестно какие звери водятся.

А у Белого, как Маруся ни старалась, ничего не смогла разглядеть.

Цвета поникли головами от огорчения, ведь у них были самые лучшие намерения…

— Нарисуйте мне лучше такую картину, где будет и море, и ласковое солнышко, и лес, и птицы, и цветы на полянке, и ягоды. На дереве белка орехи собирает. В небе воздушный змей парит, а вдалеке стоит домик с черепичной крышей. Там живут мальчик и девочка. Они открывают окно и улыбаются мне. Вот это действительно будет красиво, и вы меня очень порадуете, — попросила Маруся.

Хотел было Красный задачу эту на себя взять, да понял, что без друзей ему никак не обойтись. Как же он без них траву, море и песок нарисует? Жёл-тый солнышко нарисовал, подсол-нухи в поле и домик. Синий — небо, море и мячик раскрасил, чтобы дети играть могли. Зеленый — лес и траву. Белый — дым из трубы, об-лака и аиста вдалеке. Каждый внес свою долю, чтобы Марусю порадовать.

Вышла картина яркая, веселая, нарядная — за-гляденье просто. Взяла ее Маруся в руки, да и проснулась! Смотрит, а картина у нее на стене висит! Всеми цветами переливается и напоминает, что не только цвета друг без друга обойтись не могут — людям тоже друг без дружки никуда!

Иллюстрации: Лариса Новикова

Однажды маленький Кролик проснулся рано утром в своей маленькой норке. За окном уже светило солнышко и щебетали его соседи птицы.

— Какой прекрасный день. Чем бы мне сегодня заняться? — подумал маленький Кролик, вылез из своей норки и огляделся по сторонам.

Он не обнаружил ничего интересного и уже решил было вернуться в норку и позавтракать, как вдруг увидел большую красивую коробку, обвязанную красной ленточкой с бантиком. На коробке было что-то написано. Кролик хоть и был маленьким, но читать уже умел.

— По-да-рок ма-лень-ко-му Кро-ли-ку, — прочитал по слогам маленький Кролик. — Вот здорово! Но, по-моему, день рождения у меня уже был. Значит, кто-то просто так сделал мне подарок.

Маленький Кролик очень обрадовался. Он развязал ленточку, приподнял крышку коробки и заглянул внутрь. В коробке лежало много разных интересных вещей.

— Спасибо, — сказал маленький Кролик вслух.

Он привык говорить «спасибо», когда ему дарили подарки. Но на этот раз он не знал, кто сделал ему этот подарок, и поэтому сказал «спасибо» просто так, на всякий случай. Потом он подумал, что хорошо было бы найти того, кто сделал ему подарок, и сказать ему «спасибо» по-настоящему.

«Этим я и займусь сегодня», — подумал маленький Кролик, быстро позавтракал и отправился на поиски, даже не успев толком разглядеть содержимое коробки.

Недалеко от своей норки он встретил Ежика.

— Привет, Ежик, — закричал ему маленький Кролик.

— Привет, — грустно ответил Ежик.

— Почему ты такой грустный? — спросил маленький Кролик.

— Я собрал много грибов, но у меня не хватает иголок, чтобы наколоть их и отнести домой.

— Не грусти, Ежик. Скажи, ты случайно не знаешь, кто сделал мне подарок? — спросил маленький Кролик.

— Нет, не знаю.

— Ну, тогда пока. Не унывай, — сказал маленький Кролик и побежал дальше искать кого-то ХОРОШЕГО и ДОБРОГО, сделавшего ему такой замечательный подарок.

Он бежал по тропинке и увидел Мартышку. То есть сначала он увидел велосипед Мартыш-ки, ее заслонявший, а потом и саму Мартышку. Она держала велосипед и смотрела на колесо.

— Здравствуй, Мартышка! Что ты делаешь?

— Ты что, не видишь? Я держу велосипед и смотрю на колесо, — сказала Мартышка.

— Это я вижу. Я даже тебя сначала не заметил за велосипедом.

Но почему ты смотришь на колесо?

— Потому что оно сдулось. Понимаешь? Сду-лось. И теперь я не могу продолжить свою велосипедную прогулку, — сказала Мартышка и впервые перевела взгляд с колеса на маленько-го Кролика.

— К сожалению, не могу тебе ничем по-мочь, — сказал маленький Кролик, тоже посмотрев на сдутое колесо. — А ты случайно не знаешь, кто сделал мне подарок?

— Нет, не знаю. Спроси у Совы. Она у нас все знает, — сказала Мартышка и перевела взгляд с маленького Кролика обратно на сдутое колесо.

А маленький Кролик отправился к Сове.

— Здравствуй, Сова, — радостно закричал маленький Кролик, увидев Сову.

— Кто это? Я ничего не вижу.

— Это я, маленький Кролик.

— А, маленький Кролик. Яркое солнце меня слепит.

Если ты хочешь, чтобы я тебя видела, приходи ночью.

— Мне не обязательно, чтобы ты видела меня. Я только хотел узнать, кто сделал мне подарок? Мартышка сказала, что ты знаешь.

— Мартышка сказала? Нет, я не знаю. Правда, есть много другого, что я знаю. Но раз у тебя нет других вопросов, я таинственно исчезну, — сказала Сова и таинственно исчезла.

Домой маленький Кролик вернулся уставший и расстроенный. Он вспомнил, что утром не успел даже рассмотреть содержимое коробки. Маленький Кролик поднял крышку коробки. В ней лежали: корзинка, очки от солнца и насос.

— Так ведь этих вещей как раз не хватает Ежику, Мартышке и Сове. А мне они не так необходимы, как им. Значит, я должен отдать им свой подарок! Он им нужнее! — воскликнул маленький Кролик.

Он схватил коробку и побежал помогать своим друзьям.

— Ежик, я принес тебе корзинку! Теперь ты сможешь отнести домой все грибы, которые ты насобирал! — радостно закричал маленький Кролик и помог Ежику сложить все грибы в корзинку.

— Спасибо, — сказал довольный Ежик и понес домой корзину грибов.

А маленький Кролик побежал дальше, помогать Мартышке. За время его отсутствия ничего не изменилось. Мартышка всё так же сидела на обочине и смотрела на сдутое колесо своего велосипеда.

— Мартышка, вот насос. Теперь ты сможешь на-

качать колесо велосипеда и поехать дальше, — сказал маленький Кролик и показал Мартышке насос.

— Здорово! Спасибо! — обрадовалась Мартышка и принялась накачивать колесо.

У маленького Кролика остался последний подарок, который нужно было отдать Сове. К ней он и отправился.

— Сова! — закричал маленький Кролик, увидев Сову.

— Кто это? — спросила Сова.

— Это я, маленький Кролик.

— Маленький Кролик. Ты вернулся? Что-то случилось? — спросила Сова.

— Да, случилось. Я принес тебе очки от солнца. Теперь ты сможешь видеть меня, и не только меня, а вообще всё и всех.

Маленький Кролик нацепил Сове очки на нос.

— Спасибо, — сказала Сова. — Теперь я тебя вижу.

— Ты знаешь, Сова, я так и не нашел того, кто подарил мне эту коробку. Но мне кажется, что он очень хороший и добрый, если он делает подарки и ему даже неважно, чтобы мы узнали, кто он. И мне так захотелось быть похожим на него, быть таким же хорошим и добрым, как он! Вот я и подумал: надо, чтобы его подарки пошли на пользу другим.

Кролик даже подпрыгнул от радости. — Я все-таки обязательно найду этого замечательного друга! — добавил он и пошел домой с пустой коробкой, но очень счастливый.

Иллюстрации:
Анна Вилентс,
Алёна Строкина

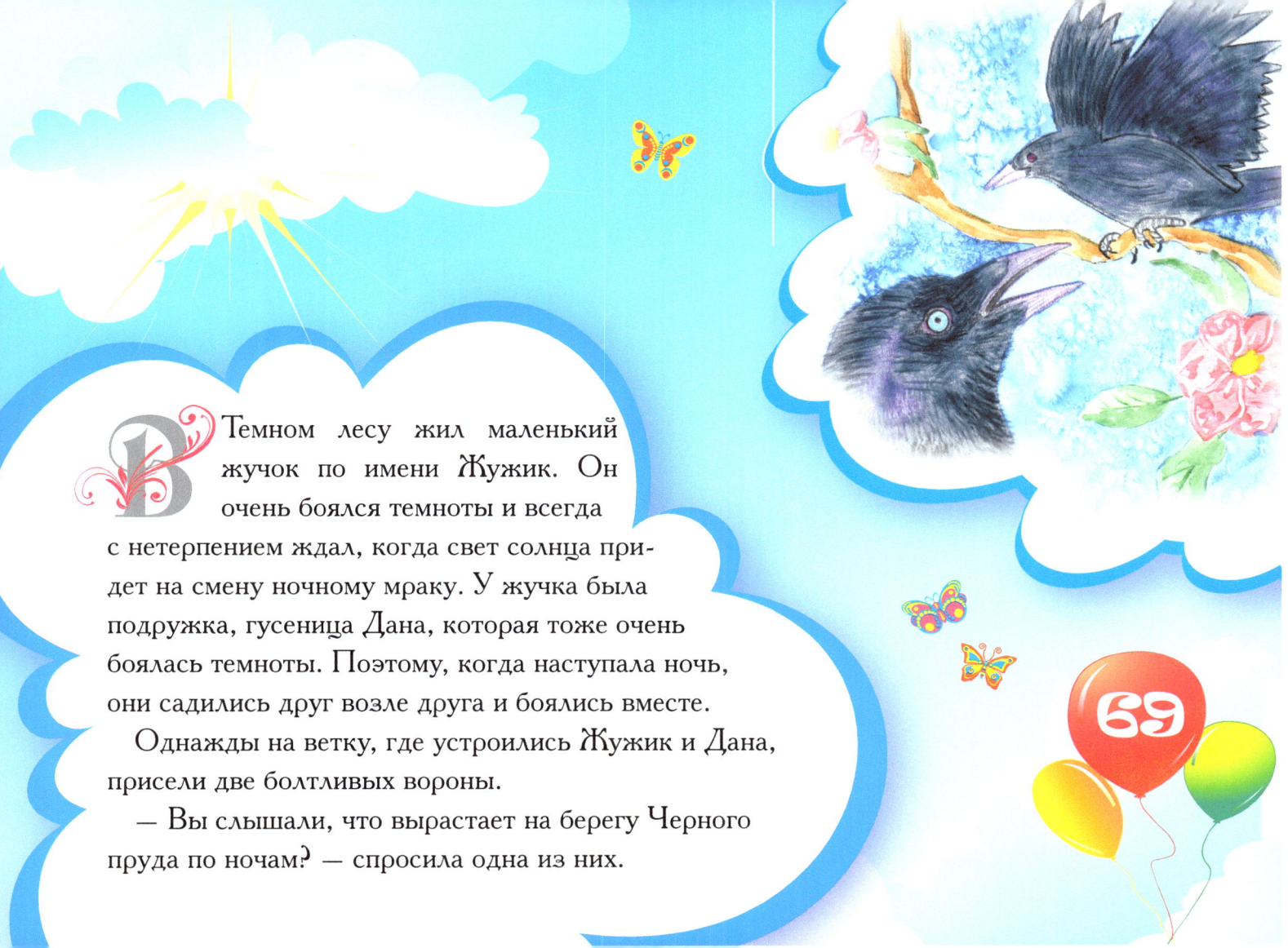

В Темном лесу жил маленький жучок по имени Жужик. Он очень боялся темноты и всегда с нетерпением ждал, когда свет солнца придет на смену ночному мраку. У жучка была подружка, гусеница Дана, которая тоже очень боялась темноты. Поэтому, когда наступала ночь, они садились друг возле друга и боялись вместе.

Однажды на ветку, где устроились Жужик и Дана, присели две болтливых вороны.

— Вы слышали, что вырастает на берегу Черного пруда по ночам? — спросила одна из них.

— Неужели что-нибудь вкусное? Ночью я туда ни за что не полечу — страшно. Но утром с удовольствием бы полакомилась. У меня по утрам всегда хоро-ший аппетит, — ответила другая.

— Не поверите, там вырастает волшебная трава Светлынь. Тот, кто ее съест, начнет светиться в темноте.

— Ну и кто же ее съел?

— А никто, никому в лесу этого не надо. Волки, медведи и другие хищники не хотят светиться — ведь тогда они не смогут охотиться. А всем маленьким зверушкам и подавно не надо светиться, а не то они станут легкой добычей.

Вороны еще долго тарахтели, обсуждая все темные новости Темного леса, а потом улетели.

— Я бы очень хотел съесть Светлынь-траву, — сказал Жужик. — Но Черный пруд — самое страшное место в лесу.

Время было уже позднее, он уснул и, конечно же, ему приснилась Светлынь-трава.

Наутро Жужика разбудила Дана:

— Вставай, мне надо с тобой попрощаться.

— Ты куда-то собираешься?

— Нет, просто пришло время, когда я заворачиваюсь в кокон и буду спать в нем целый месяц. А потом я проснусь, выберусь из него, и тогда мы с тобой опять будем вместе.

— Хорошо, Дана, ты спи, а я присмотрю за тобой.

— До встречи, не ро-

бей тут без меня, — сказала Дана и начала плести себе мягкий шелковистый кокон.

Жужик терпеливо ждал свою подружку, следил за тем, чтобы сильный ветер не сбросил кокон с ветки, чтобы вороны не растоптали его. А когда прошёл месяц и Дана уже скоро должна была выбраться из кокона, на него упала большая капля прозрачной смолы.

Кокон зашевелился, и Жужик услышал, как Дана стучится изнутри: тук-тук, тук-тук.

Да не тут-то было — смола застыла и стала крепкой, как ка-

мень. Так прошел день, и наступила ночь. У Даны уже кончались силы, она стучала все слабее, все тише…

— Дана, погоди, я позову кого-ни-будь на помощь, — сказал Жужик и полетел к жуку-бомбардиру.

— Жук-бомбардир, ты очень сильный. Помоги гусенице Дане выбраться из кокона.

— Я бы помог, но у самого много дел, — сказал жук, а сам пошел спать.

Тогда Жужик полетел к пчеле.

— У тебя крепкое и острое жало. Может, ты пробьешь кокон Даны?

— Я берегу жало для вещей поважнее, — ответила пчела и закрыла дверь своего домика.

Тогда Жужик полетел на другой край леса, к своему приятелю, дятлу.

— Дятел, может, ты сумеешь расколоть смолу на коконе Даны?

— Я бы с удовольствием помог, но в темноте я ничего не вижу. Мне не добраться до вашего дерева. Вот если бы мне кто-нибудь посветил...

Тут Жужик вспомнил о Светлынь-траве.

— Подожди, я скоро вернусь, — сказал он дятлу и полетел к Чёрному пруду.

Жужик так хотел помочь Дане, что совсем перестал бояться темноты. Он даже не подумал, что свет сделает его лёгкой добычей для кого угодно...

На берегу Черного пруда он сразу увидел Светлынь-траву. Ее длинные темно-синие стебли клонились к самой воде. Жужик присел, откусил кусочек, и тут же все его маленькое тельце засветилось ровным золотистым цветом.

Он быстро вернулся к дятлу.

— Дятел, теперь ты видишь дорогу?

— Да, твоего света вполне достаточно, — ответил дятел и полетел за Жужиком.

А тем временем Дана в коконе совсем выбилась из сил. Когда Жужик привел дятла, она уже не шевелилась.

— Держись, сейчас мы тебе поможем! Дятел своим большим и острым клювом аккуратно стукнул по кокону. Смола отлетела, и Дана, еще раз поднатужившись, благополучно выбралась на свободу.

Но из кокона появилась уже не гусеница Дана, а настоящая Королевская бабочка. Она расправила крылья, и их волшебный узор заискрился в свете, который исходил от Жужика. На ветке стало светло, как с первыми лучами солнца.

— Какая же ты красавица! — воскликнул Жужик.

— Ты тоже изменился, — ответила бабочка. — Видно, всё-таки отведал Светлынь-траву. Значит, ты уже не боишься темноты?

Тарахтелки-вороны разнесли по всему лесу по-трясающую новость: появил-ся смельчак, который отважился съесть Светлынь-траву!

Все пришли посмотреть на героя. Волки и медведи, совы и филины удивлялись смелости маленького жучка и смотрели на него с большим уважением.

С тех пор никто и не думал обижать Жужика. Наоборот, он стал героем леса, и его назвали Светлячком.

Тёмный лес перестал быть тёмным. Теперь в нём кружится яркое пятнышко, маленький огонёк, освещающий темноту. Каждую ночь Светлячок помогает зверушкам справиться со своими страхами и найти дорогу домой.

Иллюстрации: Алёна Строкина

Ранним утром на рассвете проснулся маленький рыбацкий Кораблик. Синий Кораблик с красной мачтой и белыми парусами. Все знали, что он хоть и маленький, но самый бы-стрый в порту. Каждый раз он возвращался из плавания с огромным уловом, которого хватало на весь город. Догадываетесь, почему?

Да потому, что на этом Кораблике все работали сообща: и Якорь, и Парус, и Сеть, и Штурвал. Им очень хотелось, чтобы у Кораблика все получилось, — поэтому каждый делал то, что умел делать лучше всего.

Якорь умел крепко цепляться лапами за дно, когда

Кораблик хотел остановиться. Парус умел широко распахиваться под порывами ветра, и тогда Кораблик весело плыл по волнам. Сеть умела прыгать в воду и растягиваться во всю длину, чтобы поймать много-много рыбы. А Штурвал ловко поворачивался то вправо, то влево, чтобы не заблудиться и не наткнуться на встречные льдины.

Но в тот день подул, наверное, очень шаловливый ветер, и с самого утра все пошло наперекосяк.

— Поднять якорь! Выйти в море! — крикнул старый капитан. Он так долго плавал в море, что все уже забыли его имя и звали его просто «Капитан».

— Поднять я-карр! Выйти в морре! — прокаркал за ним его верный друг, серый ворон по кличке Пират. Его прозвали так за большое черное пятно вокруг глаза, похожее на пиратскую повязку.

— Есть, капитан! — закричали хо-ром Парус, Якорь, Штурвал и Сеть.

И Кораблик отправился в большой океан. Капитан взглянул на карту, посмотрел на компас, а потом смочил палец и поднял его вверх, чтобы узнать, откуда дует ветер.

— Сегодня мы поплывем на запад, — решил он. — Пират, право руля! Поднять парус!

— Минуточку, — сказал Парус. — Почему это я всегда должен лезть на мачту и раздуваться под порывами ветра? Может быть, сегодня я как раз хочу искупаться, как это делает Сеть. Она каждый день прыгает в воду, плавает в свое удовольствие, да еще и встречается с целыми косяками рыб.

— Слышали? Ха-ха-ха! Кар-кар-кар! — засмеял-ся Пират. — Парус хочет прыгнуть в воду!

Ну и что ты, Сеть, на это скажешь?

— Пожалуйста, могу поменяться с Парусом. Я каждый день мокну в леденя-щей воде, рыбы меня щекочут, а иногда даже больно кусают. Знаете что? Не буду больше прыгать в воду!

Тут на Кораблике начался настоящий тара-рам. Все загалдели, и никто уже не выполнял свою работу. Даже тихий, трудолюбивый Штурвал сказал:

— Мне бы хотелось занять место Якоря. Он весь день отдыхает, а вечером его бросают в воду, и там он продолжает спать до утра.

Они так громко кричали, что даже не обратили внимания, как мудрый, старый капитан исчез в своей каюте и оставил их одних.

Итак, друзья решили поменяться обязанностями. Сеть забралась на красную мачту и приготовилась распахнуться во всю ширь перед ветром, как только Пират подаст ей знак. А Парус только и ждал, чтобы прыгнуть в воду вместо Сети.

— Поднять сеть! — прокаркал Пират. Сеть растянулась и изо всех сил попыталась задержать Ветер, чтобы он надул ее и понес Кораблик вперед. Но ветер пролетел сквозь большие дыры, а Кораблик остался на месте.

— Ну и парус! — Ветер прямо покатился со смеху. — Дырявый, как решето! Что за потешный Кораблик! Сеть сконфуженно прижалась к мачте. Она очень расстроилась тому, что из-за нее этот хулиган-ветер посмеялся над их Корабликом.

А Парус тем временем прыгнул за борт. Но вместо того, чтобы уйти под воду и поймать много рыбы, он распластался на волнах, словно большой ковер.

— Буль-буль-буль, вы когда-ни-будь видели сеть без дырок? — хи-хикали рыбы и щекотали Парус своими плавниками.

— Ой, это что? Ковер на воде? — удивились пролетавшие мимо чайки и бесцеремонно уселись на него. Бедный Парус начал тонуть. Счастье, что Сеть вовремя увидела это и бросилась на помощь.

Тогда вся компания решила вернуться в порт, чтобы хорошенько отдохнуть. Только вот беда: выяснилось, что, кроме Капитана, никто никогда не прокладывал Кораблику курс.

Но раз уж сегодня все поменялись местами, Пират взлетел на капитанский мостик и попробовал разобраться в карте. Место Штурвала теперь занимал Спасательный круг. Он очень старался правильно поворачивать Кораблик, но у него это плохо получалось.

— Э-э-э... Лево руля! А теперь... Налево! Немного левее, и еще влево, — командовал Пират, с головой утонув в карте.

— Мы плывем по кругу, и у меня за-кружилась голова, — пожаловался Кораблик.

— Может быть, надо было брать еще левее? — спросил Пират и почувствовал, как ему не хватает уверенных указаний Капитана.

— Я не поймала ни одной рыбы. С чем же мы придем в порт? — забеспокоилась Сеть.

— Хочу вернуться на мачту и обсохнуть на теплом ветерке, — признался Парус.

— Мне уже наскучило висеть на цепи и ждать, пока меня спустят, — сказал Штурвал.

— А я скучаю по нашему Капитану, и по тому

времени, когда мы все делали то, что умеем, — вздохнул кораблик.

— Ведь только Штурвал знает, как повернуть меня влево и вправо, и только Сеть умеет ловить рыбу. Без Паруса ветер не сможет нести нас по волнам, а без Капитана мы собьемся с пути.

Все друзья были совершенно согласны с Корабликом и пообещали как можно скорее вернуться на свои места. Но где же Капитан?

— Капитан! — закричали они. — Где ты? Мы соскучились!

И тогда старый Капитан, улыбаясь, открыл дверь каюты. Он тут же дал команду:

— Поднять парус, сеть в воду. Пират, держи руль, мы вы-ходим в путь.

Все так обрадовались, что сразу забыли о своих неприятностях. Друзья быстро разбежались по местам и с новыми силами, которые, казалось, даже удвоились, принялись за работу.

Пират старательно повторял указания капитана — казалось, он не каркает, а поет их. Парус так здорово ловил ветер, а Штурвал так точно рулил, что Кораблик почти взлетал над волнами. Сеть развернулась под водой, и в нее попали такие огромные и вкусные рыбины, каких в городе еще не видели.

Все делали свое дело с радостью, и каждый заботился о том, чтобы легче было не ему одному, а всем вме-сте. И почему-то именно это делало их счастливыми.

Старый капитан уверенно смотрел вперед. Скоро кораблик вер-нется домой…

Иллюстрации: Алёна Строкина

Международный конкурс!

Нарисуй любимого героя в облаке!

Лучшие работы будут выставлены на сайте www.kabbalah.info/rus

Сказки для детей и не только…

Чудеса бывают

Редактор: М. Бруштейн

Художественный редактор: А. Гаранин

Технический редактор: Д. Золотарев

Корректор: П. Календарев

Оформление книги и дизайн обложки: С. Клейман, Л. Высоцкая

Компьютерная верстка: Л. Высоцкая

ISBN: 978-965-7065-71-6

russian@kabbalah.info

www.ingramcontent.com/pod-product-compliance
Lightning Source LLC
LaVergne TN
LVHW070438070526
838199LV00036B/660